여러분의 일상에
행운과 행복이 가득하길!

우리가 행운을
주워 왔어!

누룽쥐와 친구들의 다정한 행운을 만나요

우리가 행운을 줘 왔어!

산하 지음

알에이치코리아

누룽쥐들이
행운과 행복을 가져다줄 거예요

지치고 무료한 일상이 반복되던 어느 날, 아무런 기대 없이 끄적이 던 낙서에서 누룽쥐가 탄생했습니다. 거창하게 힘을 주고 그린 아이 가 아니었기 때문에 처음 누룽쥐가 가진 것은 아무것도 없었습니다. 그런데 누룽쥐를 발견해주고, 말을 걸어주고, 사랑해주고, 이야기를 덧붙여주는 사람들이 생기면서 누룽쥐에게 이름이 생기고, 사람들 에게 행운과 행복을 가져다주기 위해 열심히 뛰어다니는 아이가 되 었습니다.

탄생부터 현재에 이르기까지 우연찮은 행운의 연속이었던 누룽쥐는 어쩌면 행운을 전해주기 위해 우리 앞에 나타났을지도 모르겠습니 다. 그렇게 나타난 누룽쥐는 여럿이 몰려다니며 사람들에게 행운과 행복을 전하기 위해 열심히 노력하는데요, 막상 가져오는 것들은 너 무나 작고 하찮은 것들뿐이에요. 심지어 그 마저도 제대로 가져오지 못해 "으앙" 하고 울어버릴 때도 많고요. 하지만 오히려 그런 모습 을 좋아해주시는 분들이 많은 것을 보면 중요한 것은 '무엇'인지가 아니라 그 안에 담긴 마음과 의미일지도 모르겠습니다.

어쩌면 행운과 행복도 비슷하지 않을까요? 우리가 발견하고, 의미를 부여하고, 마음을 쏟기 전까지는 아무리 좋고 거창한 것이라도 아무것도 아닐 뿐입니다. 반대로 생각해 보면 아무리 작고 하찮은 것이라도 우리가 의미를 부여하고, 마음을 쏟기만 한다면 행운과 행복, 그리고 무엇이든 될 수 있고요.

지금 읽고 계신 《우리가 행운을 주워 왔어!》는 위와 같은 생각을 바탕으로 쓰인 이야기입니다. 작디작은 누룽쥐들이 열심히 독자님들에게 행운과 행복을 찾아주려고 애쓰는 이야기지요. 누룽쥐들이 열심히 가져온 아주 사소한 것들이 독자님들의 마음에 닿아 행운과 행복이 되기를 희망합니다!

산하

캐릭터 소개

누룽쥐

이름 그대로 누런 쥐, 누룽쥐!
똑같이 생긴 친구들과 함께 다녀요.
모두 생김새는 같지만 단 한 가지
다른 부분은 바로 냄새!
옥수수 꼬순내부터
델리만쥬 꼬순내까지!
각기 다른 꼬순내가 난답니다!

참새 (참기름)

자유롭게 하늘을 날아다니는
욜로 참새, 기름이!
반질반질 참기름을 바른 듯한
깨눈이 포인트랍니다!
감정 표현이 자유롭고 풍부한
성격이에요.

코끼리땃쥐 [코땃쥐]

시니컬한 표정의 코땃쥐!
무뚝뚝한 표정 뒤로
따스한 마음이 숨어 있어요.
진중하고 깊은 성격 덕에
남의 고민을 차분하게 들어준답니다.

그리고... 당신!

이 이야기의 또 다른
주인공은 바로 당신!
다정한 친구들과
함께 이야기하고 소통하며
행운을 찾아가봐요!

목차

1 친구야 너에게 행운을 줄게

2 오늘의 나에게 행운을 줄래

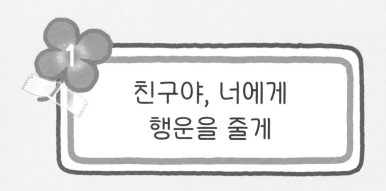

1

친구야, 너에게
행운을 줄게

너에게 행운을 줄게!

그렇게 누룽쥐의 행운 찾기가 시작됐어요!

행운은 어떻게 찾는 거지?

그리하여 네잎클로버 찾기 시작!

우리가 행운을 주워 왔어!

행운 찾기 성공! 다음 행운은 어떤 걸까요?

가위바위보!

편지를 쓰자

주의! 내보내지 않은 마음, 간지러울 수 있음!

세잎클로버는 행복이래

찌릿!!

...

표정에 다 드러나는
타입이구나...

행운이 어디 있는지
모르지만
행복은 어디 있는지
알고 있단다

정말요?!

집으로 돌아간 누룽쥐는 코땃쥐의 이야기를
친구들에게 전해주었고

그렇게 하루 종일 행복을 모았어요. 손이 초록해질 때까지요!
가능한 많은 행복을 친구에게 주고팠거든요!

네가 너무 좋아

눈물을 닦아줄게

사랑은 눈물을 닦아주고픈 건가 봐요!

비 오는 날

우리는 젖어도 친구는 젖으면 안 되니까!

우리는 왕 큰 꽃이야

친구를 기분 좋게 하려면 뭐든 할 수 있어!

얼굴만 봐도 좋아!

그냥 얼굴만 봐도 좋은 걸요!

대형으로 섯!

오직 널 위해 연습했어!

기다림이 길어요

친구만 있다면 두려울 게 없지요

다행이다!

화아앙

친구와 함께하면 두려울 게 없지요~!

힘들지 말고 햄 들어!

친구! 도와줘!

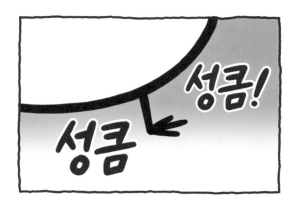

달님에게 소원을

여긴 우리가 맡을게!

길을 잃었어 1

길을 잃었어 2

응애

뾰족 입

너의 다리가 되어줄게

꼬르륵

배 부르게 먹어!

좋은 건 나눠 먹자!

꽃을 주려고 했는데 1

착한 말, 나쁜 말 실험

두 마리의 누룽쥐를 준비합니다.

한 마리에겐 착한 말을

한 마리에겐 나쁜 말을 계속 해줍니다.

그리고 며칠이 지난 후 관찰해줍니다.
나쁜 말을 들은 룽쥐가 자라났네요!

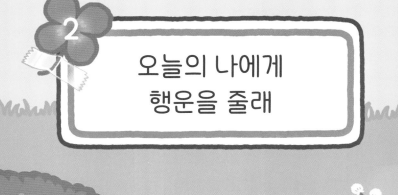

2

오늘의 나에게
행운을 줄래

친구, 행운을 찾았니?

눈 가리고 아웅

따뜻한 시선

삶은 뭘까

삶이 너무 퍽퍽해

눈이 와요!

친구에게 보여줄래

울지 마

에춧!

안아줘

그냥 바라봐줘

구름놀이

꽃을 주려고 했는데 2

저번처럼 되지 않게...

마음만으로도 고마워!

마주치지 않을까 1

마주치지
않을까...

마주치지 않을까 2

다시 만나 행운이야!

꽃점

누룽쥐의 사계절

비눗방울

룽쥐야, 보여줄 게 있어!

뭔데?

한번 불어봐!

불쑥!

헤?

내 행운은 말이야

친구!
행운은
아직
못 찾았지?

으응, 아니!
나는 행운을 찾은 것 같아!

정말?!

누룽쥐의 과일 심리 테스트

나랑... 사귤래...?

귤을 선택한 당신!
조만간 고백하거나
고백받을지두~??

아프지 망고...

망고를 선택한 당신!!
요새 컨디션이
안 좋을 수도?!
건강 챙기시길...

멜론을 선택한 당신~!
혹시 장난기가
많은 타입~??

복숭아를 선택한 당신~!!
복수가 성공할 것입니다...

우리 본 지 오렌지...

오렌지를 선택한 당신~!!!
오랜만에 옛 인연을
만나게 될지두?

난... 용과매!!

용과를 선택한 당신!!
꽤나 용감한
사람이군요~?!

자두자두
졸려어...

자두를 고른 당신!!
피로가 많이 쌓였군요!
푸욱~ 쉬세요~

정신 체리!!

체리를 선택한 당신!
정신 체리세요~!!!

날 키위줘!

깨르륵~!!

키위를 고른 당신!!
조만간 애교가 많은 사람을
만나게 될지도~??

새해 복 많이 받으세요

아껴 먹어야지

듣고 싶은 대로

사랑하는 만큼

쨍 하고 해 뜰 날

영원히 함께하자

만우절

복잡한 우리 인생

적성

근육을 기르자

세상에서 가장 심각한 선택

야식을 건강하게 먹는 방법

친구에게 편지를 써야 하는데

시작이 반

다시 태어나는 거야

No Pain, No Gain

룽쥐의 장래희망

이것이 여름이지

살살 녹네

푹푹 찐다

룽쥐는 요즘 어떻게 지내?

후기

아무런 지식도, 경험도 없는 상태에서 시작하여
이 책이 나오기까지 굉장히 많은 우여곡절이 있었는데요.

편집자님을 포함하여 많은 분들의 도움으로,
무사히 책이 나오게 되었네요.

책의 기획부터 출판까지, 모든 과정이
저에겐 행운이었던 것 같습니다.

이 책 안에서 행운을 얻은 분도 있을 테고,

책 밖에서 행운을 만난 분도 있겠지요.

아직 못 찾았다고요? 걱정 마세요.
어느 곳에서든 자세히 보면 행운을 찾을 수 있을 거예요.

이 책이 여러분께 행운을 찾는 계기가 되었으면 좋겠습니다.
읽어주셔서 감사합니다!

우리가 행운을 주워 왔어!

1판 1쇄 인쇄 2024년 5월 16일
1판 1쇄 발행 2024년 5월 29일

지은이 산하

발행인 양원석 **편집장** 정효진 **책임편집** 김희현
디자인 최승원 **영업마케팅** 윤우성. 박소정. 이현주. 정다은. 유민경

펴낸 곳 ㈜알에이치코리아
주소 서울시 금천구 가산디지털2로 53, 20층 (가산동. 한라시그마밸리)
편집문의 02-6443-8846 **도서문의** 02-6443-8800
홈페이지 http://rhk.co.kr
등록 2004년 1월 15일 제2-3726호

ISBN 978-89-255-7500-1 (03810)